ARBEIT
HAUSVERSTAND – BAND II

KARLHEINZ LAUBER

ARBEIT

HAUSVERSTAND – BAND II

Bibliografische Information der Deutschen Nationalbibliothek
Die Deutsche Nationalbibliothek verzeichnet diese Publikation
in der Deutschen Nationalbibliografie; detaillierte
bibliografische Daten sind im Internet über http://dnb.d-nb.de
abrufbar.

Umschlagdesign, Satz, Herstellung und Verlag:
BoD - Books on Demand, Norderstedt
ISBN 978-3-7519-1044-6

Inhalt

Vorwort

Jeder Mensch ist vor dem Gesetz gleich. Intelligenzschädliche Genderbezeichnungen werden nicht verwendet. Charakter, Benehmen und Leistung sind ausschlaggebend.

Dieses Buch wurde vor »Corona« geschrieben. Umso mehr wird »einiges« in Zukunft aktuell. Wir gehen besonders in der Arbeitswelt einer umdenkenden Zukunft entgegen. »Vollbeschäftigung«, wenn auch durch flexiblere und kürzere Arbeitszeiten, ist ein Muss.

Besonders gleiche Löhne für Frau und Mann sind selbstverständlich.
»Mutter« wird als Beruf anerkannt. Ebenso bekommen »niedrige« Berufe endlich dementsprechende Wertschätzung.

Menschen, die zu faul sind und auf Kosten anderer und auf Kosten des Staates leben wollen, werden zur Arbeit verpflichtet. Selbstverständlich müssen Menschenrechte immer gewahrt bleiben.

Vollbeschäftigung

Einführung der »Viertagewoche«
Das heißt, in Zukunft werden vier mal acht Stunden pro Woche gearbeitet. 32 Stunden sind »Mussleistung«. Die 32 Stunden können auch auf sechs Tage aufgeteilt werden. Freiwillig sind höchstens zehn Stunden durchgehend zu arbeiten. Besonders Familien profitieren, wenn sie von Montag bis Samstag, entweder vormittags oder nachmittags, ihre Arbeitszeit einteilen können.
Der Sonntag und bestimmte Feiertage bleiben, mit Ausnahmen, unangetastet.
Da nur mehr 32 Stunden gearbeitet wird, sind Pausen überflüssig. Arztbesuche und alle anderen »Erledigungen« sind in der »Freizeit« zu organisieren.

Vier Tage arbeiten und drei Tage frei sind schon aus gesundheitlichen Gründen sehr zu empfehlen. Genauso ist wissenschaftlich erwiesen, **fünf Tage »Spontanurlaub« bringt für die Erholung am meisten**. Das heißt, sobald man merkt, man ist am Limit, sollte nach Möglichkeit sofort der Urlaub in Anspruch genommen werden.
Außerdem kann jeder in den drei freien Tagen leichte »Krankheiten« und »Unwohlsein« auskurieren.

Kurze gleichmäßige Arbeitszeiten verbessern die Qualität, Konzentration und reduzieren Unfälle und Krankenstände.

32 Stunden ermöglichen flexible Freizeitgestaltung, die Sonntage und Feiertage müssen nicht mehr von der »Masse« gleichzeitig genützt werden. Außerdem profitieren Gast- und Freizeitbetriebe durch die Verteilung enorm. Überfüllte Schwimmbäder, Almen, Gasthäuser, Skigebiete, »verstopfte« Straßen usw. schaden nicht mehr.

Ämter, Versicherungen, Krankenkassen, Ärzte, Kliniken, Handwerksbetriebe, Anwälte usw. haben von Montag bis Samstag »flexibel« geöffnet. Vier bis sechs Stunden **Arbeit pro Tag sind ohne »Stress« zu bewältigen. Kunden, Klienten, Patienten werden zufriedenstellend »bedient«.**

Im Jahr 2000 habe ich in der Broschüre »Volksgesundheit«
die Viertagewoche empfohlen!
Das heißt: vor 20 Jahren!

**In meinem Unternehmen, private Krankenanstalt, selbst-
ständiges Wirbelsäulen-Ambulatorium, habe ich als Erster in Österreich die Viertagewoche bei vollem Lohn
erfolgreich eingeführt.**

Gewisse Gewerkschaften meinen heute, sie hätten die Viertagewoche erfunden!

Der blaue Montag trägt seinen Namen zu Unrecht. Am häufigsten ist man freitags arbeitsunfähig. Es ist auch klar, wenn jemand seinen Job nicht mag, wird er öfters »krank« sein und/oder verunfallen.

Wer seinen Beruf sinnstiftend erlebt und sich am Arbeitsplatz wohlfühlt, fehlt manchmal an neun Tagen im Jahr. Wenn Arbeitnehmer das nicht tun, haben sie im Durchschnitt 20 Krankheitstage (AOK).

Daher ist die »Viertagewoche« oder »Zweiunddreißigstundenwoche« die beste Lösung.

Berufe, die gesundheitlich nur eine bestimmte Zeit ohne Krankheit oder Unfall »bearbeitet« werden können, sind nicht mit anderer Arbeit, die eine späte Pension ermöglichen, gleichzusetzen. In einer Kühlkammer hat es null und in der Selchkammer 80 Grad. Schon bei 40 Stunden leidet die Gesundheit bei einem Fleischhauer.

»Um wie viel Arbeitsunfälle bei einem Zwölfstundentag steigen werden, das macht mir Sorgen.« (Robert Schwarzbauer)

Arbeit und Leistung muss aber anerkannt und gerecht bezahlt werden! Besonders »niedrige« Berufe, die man jahrelang nicht dementsprechend ernst genommen hat, sind heutzutage gefragte Tätigkeiten. Reinigungskräfte, Hausbesorger usw. und letztendlich ALTENPFLEGER sind Fachberufe mit Ausbildung.

Sehr diskriminierend und extrem »altmodisch« ist die Unterscheidung zwischen weiblich und männlich. **Ob Mann oder Frau einem Menschen das Leben rettet, wird dem Geretteten egal sein.** Ob Ärztin oder Arzt, das ist nebensächlich, der Patient muss ordentlich behandelt werden. Patientin oder Patient, der Mann müsste eigentlich ein höheres Honorar bezahlen, denn er bekommt ja auch meistens einen höheren Lohn?!

Rechtsanwältin oder Rechtsanwalt, **ein »Prozess« ist entweder ein Mann oder eine Frau!**

Hochgradig peinlich ist in diesem Zusammenhang die »Bezeichnung« Frau »Dokterin«.

Betriebe bzw. Unternehmen haben das Recht, zu jeder Zeit Arbeitnehmer zu kündigen.

Eine kurze Begründung, die nicht unbedingt negativ ausfallen muss, ist Pflicht.

Die Kündigung muss einen Monat vor der Entlassung erfolgen. Urlaub und Überstunden sind sofort in Anspruch zu nehmen. **Gekündigte Arbeitnehmer können dem Betrieb enormen Schaden zufügen.**

Eigentümer von Unternehmen bzw. Firmen sind nicht der Staat oder Gewerkschaften.

Die Unversehrtheit des Eigentums ist Menschenrecht. Wird aber ein Betrieb vom Staat oder der EU unterstützt (Gewerkschaften werden kaum Unternehmen unterstützen), dann haben diese Unterstützer Mitspracherecht.

Langwierige, oft erpresserische Lohnverhandlungen sind kontraproduktiv, fahrlässig und somit gesetzwidrig. Lohnerhöhungen haben sich nach der Gesamtsituation der Unternehmen zu richten. Das heißt, **Arbeitnehmer müssen immer am Gewinn dementsprechend beteiligt sein**. Langwierige Lohnverhandlungsshows sind Betriebsschädigung!

Die Menschen (Arbeitnehmer) werden immer weniger belastbar. Arbeitsunfälle und physische und psychische Überlastung führen zur Arbeitsunfähigkeit. Viele Arbeitnehmer möchten schon mit 40 Jahren in den Ruhestand gehen! Besonders Familien bekommen immer mehr große Probleme. Die sechs Wochen Urlaub, wie von den Gewerkschaften gefordert, bewirken das Gegenteil. Wie schon erwähnt, spontane fünf Tage »Erholung« sind absolut die bessere Lösung.

Feiertage, außer Weihnachten, Ostern und Pfingsten, gehören auf Sonntage »verlegt«. Vier Wochen Gesamturlaub sind möglich, aber gesundheitlich (s. o.) nicht zu empfehlen. Urlaubsanspruch ist nach einem durchgehenden Arbeitsjahr gerechtfertigt.

Betriebe sollen und können tüchtige Arbeitnehmer auch mit »Freizeittagen« belohnen. Pausen, außer einer halben Stunde »Mittag«, sind bei 32 Stunden Arbeitszeit nicht nötig. Bei flexiblen Arbeitszeiten kann der Schulbeginn unterschiedlich gestaltet werden. Für »kleine« Schüler Beginn um 9 Uhr, für »große« Schüler von 8:30 bis 9 Uhr. Der tägliche morgendliche Verkehr würde stark entlastet werden.

Die Schulferien sind schon allein aus familiären Gründen zu kürzen. Eltern und Kinder werden stark überfordert. **Für Kinder und Lehrer wäre auch ein Fünf-Tage-»Spontanurlaub« das gesündeste.** Das ist aus organisatorischen Gründen nicht möglich, aber bei kürzeren Ferien, die aufgeteilt auf das ganze Jahr (fünf Tage) in Anspruch genommen werden, ist der gesundheitliche Aspekt am wirksamsten. Vier Wochen durchgehende Ferien sind weiterhin sinnvoll.

Die Freizeit überlastet die Menschen immer mehr. Massen, Zeitdruck, Lärm, Neid, Wettbewerb führen zu negativem Stress. Die Freizeit fordert oft die Arbeitnehmer mehr als der Beruf. Viele »schlafen sich während der Arbeit aus«. **Sport, der überfordert, ist gleichzusetzen mit einer Krankheit, zum Beispiel Grippe oder grippaler Infekt.** Außerdem ist die Verletzungsgefahr oft größer als bei der Arbeit. Ausgelaugte, verletzte (auch »Muskelkater«) Arbeitnehmer schaden dem Betrieb und bringen kaum Leistung. Andererseits, das gilt für Arbeitgeber und Arbeitnehmer, nur wer von der Arbeit müde nach Hause kommt, kann den wohlverdienten Feierabend genießen. **Voraussetzung sind aber Wertschätzung, Freude am Beruf und Erfolgserlebnisse.**

Ein Chirurg, der nur kommerzielle Operationen durchführt, wird kein Glücksgefühl spüren. Mit dem »Porsche« in die Radarfalle tappen, um »schnell« am Ziel zu sein, führt zu Unzufriedenheit (auch wenn man der Meinung ist, das kann ich mir leisten).

Interessant ist die Meinung: »Acht Stunden Arbeit, acht Stunden Ruhe, acht Stunden Erholung.« (Robert Owen)

Ist das Volk dumm, oder sind die Reichen dumm? Zufriedenheit macht glücklich, mit Reichtum zu provozieren schafft Ekel. Ekel ist nicht immer mit Neid zu verwechseln. Wer mit dem wohlverdienten Reichtum vernünftig (leben und leben lassen) umgeht, der wird auch das Leben genießen können.

Fleißige und tüchtige Menschen verdienen vollen Respekt und Anerkennung, und das gilt für alle Berufe! Wer anderen den Erfolg nicht gönnt, zählt zu den Dummen, dumme Menschen sind gefährlich.

Ein Tischler»meister« ist mit »Doktor« gleichzusetzen. »Meister« steht über allen Ausbildungen, **nur wer bei einem guten Meister lernt, wird dann selbst ein guter Meister.** Jahrelanges Studium, Titel sind zu wenig. Ein Studium sagt noch lange nichts über berufliche Fähigkeiten aus.

»Lebe ein gutes ehrbares Leben! Wenn du älter bist und zurückdenkst, wirst du es noch einmal genießen können.«
Dalai-Lama

Gutverdiener sollten mit ihrem Reichtum vernünftig umgehen. Wer tüchtig und fleißig ist, der soll auch dementsprechend verdienen. Abwarten, bis jemand »reich« ist, um dann »Anteile« zu verlangen, weil man selbst zu faul und/oder zu blöd ist, bedeutet perverse, asoziale Verhaltensweise! **Dummheit berechtigt nicht zu Neid und Missgunst!**

»Wähle einen Job, den du liebst, und du wirst nie wieder arbeiten müssen.«

Konfuzius

Der Staat ist nicht verpflichtet, Bürger, die keiner Arbeit nachgehen wollen, zu erhalten. Es muss eine gesetzliche »Arbeitspflicht« eingeführt werden.
Arbeitslose können aber zwischen drei verschiedenen Arbeitsplätzen bzw. Tätigkeiten auswählen. Der Staat finanziert Kurse, Ausbildungen, berufsbegleitend. Jeder bekommt die Chance, zu einer »Fachkraft« aufzusteigen und/oder sich zu spezialisieren.

Arbeitsverweigerer bekommen keinerlei Unterstützungen, sondern werden verpflichtet, in Staatsbetrieben zu arbeiten. Das Bundesheer ist auch ein Staatsbetrieb, wo Rekruten verpflichtet werden.

Krankenversicherung und Pension müssen erarbeitet werden.

Außerdem sind Angehörige nicht verpflichtet, »Arbeitsunwillige« zu erhalten. Selbstverständlich sind Menschenrechte zu befolgen.

Typisch Mensch?

74 % der »Altenpfleger« schaffen es nicht, in ihrem Beruf in Pension zu gehen.

60 % der Pflegeberufe.

Wenn es »ums Geld geht«, sind es nur 21 % (Bankbeamte usw.).

Sehr, sehr bedenklich ist: Bei einer Umfrage, wovor sich Österreicher am meisten fürchten, sind Spinnen, Schlangen, Ungeziefer mit 39 % an erster Stelle.

An zweiter (!) Stelle Ärzte mit 24 %. (IMAS International)

EU-First-Station

Als »Sofortmaßnahme« gehört ein »gebrauchtes« Kreuzfahrt-
schiff stationiert.

»Urlaubsschiffe« können bis zu 5 000 »Flüchtlinge« und/oder
Asylsuchende aufnehmen. **In der »EU-First-Station« werden alle »Ankömmlinge« sofort medizinisch untersucht,
versorgt und Personalien überprüft.**
Alle vorerst aufgenommenen Menschen müssen am Schiff
einer Tätigkeit nachgehen. **Bei dieser Gelegenheit werden
berufliche Eignungen festgestellt und in einer »EU-Liste«
vermerkt. Das »EU-Arbeitsamt« vermittelt dann dringend
gebrauchte Arbeitskräfte an die EU-Mitgliedstaaten.**

»Menschliche Berufe«

Immer weniger Menschen wollen im Pflegedienst tätig werden und diese Karriereleiter »erklimmen«. Die Politik ist kaum in der Lage, »menschliche« Berufe sinnvoll zu gestalten. **Es wird nicht verstanden, oder man will einfach nicht begreifen, dass alle und/oder kranke Menschen eine menschlich einfühlsame Behandlung benötigen.** Da braucht es Menschen, die überhaupt für Pflegeberufe geeignet sind. Leider sind immer weniger Menschen psychisch und physisch belastbar. Pflegeberufe sind Schwerstarbeit, oft zwingen Berufserkrankungen zu vorzeitiger Rente oder Aufgabe (Arbeitszeit).

»Wer widerspricht, ist nicht gefährlich.
Gefährlich ist, wer zu feige ist zu widersprechen.«
Napoleon Bonaparte

Als dringende Sofortmaßnahme brauchen wir »Seniorenbetreuer«, zwei Wochen Ausbildung, tageweise und/oder berufsbegleitend und an Wochenenden.

Nach zwei Jahren Praxis wird ein Zeugnis ausgestellt: »**Geprüfter Seniorenbetreuer**«.
Grundbegriffe wie Erste Hilfe, Hygiene, »Transportgriffe« und Rechtsbelehrung sind Prüfungsgegenstand.
»Seniorenbetreuer« ist ein rechtlich anerkannter Beruf und man kann damit entweder bei einer Gemeinde, in einem Seniorenheim oder selbstständig tätig sein. Seniorenbetreuer können auch stunden- oder tageweise die Senioren betreuen. Eine hervorragende Möglichkeit für **Alleinerzieher, Arbeitslose, Nebenerwerbstätige** und auch **Asylanten.** Besonders »Schwarzafrikaner« und Frauen aus »armen« Ländern sind sehr gut geeignet. **Wenn man selbst in einer kinderreichen Familie, ohne »Luxus«, aufgewachsen ist, dann weiß man, um was es geht.**

Im Krieg hatte die »Krankenschwester« tausende verletzte und kranke Soldaten »behandelt und betreut«. Diese Krankenschwestern hatten kaum eine Matura, Diplom, akademische Titel noch eine lange Ausbildung.

Neuerdings ist man der festen, naiven Meinung, der »Heilknoten« sei gelöst.

Akademische »Geistesblitze« beenden das »Pflegechaos«.

Die Ausbildungen werden statt kürzer immer noch länger und schwieriger. Noch aufwendiger, noch kostspieliger.

Außerdem stellt sich die dringende Frage, wer pflegt denn bis dahin die bedürftigen Menschen? (In 5, 10, 20 Jahren?)

Immer wieder nimmt man sich die Schweiz als großes Vorbild, da kann man ab 17 Jahren eine Pflegeschule besuchen, und das soll sehr populär sein?

Bisherige Erfahrung damit, nur jeder zweite Anfänger bleibt. Wieviel bleiben dann noch nach drei oder fünf Jahren?

75 000 zusätzliche »Pflegekräfte« werden bis 2030, also in zehn Jahren (!), gebraucht.

Besorgniserregende, naive Politiker, die nicht die geringste Ahnung haben, wie man mit »pflegebedürftigen« Menschen umgeht, nehmen sich den Mund voll!

Akademische Krankenschwester, akademischer »Altenpfleger«, wie geht das?
Bekommen Menschen, Patienten, Pflegebedürftige, eine akademische Zuwendung? Wird die Hand akademisch gestreichelt? Bekommen diese Menschen eine intensivere oder längere Zuwendung? **Kann man denn überhaupt Einfühlungsvermögen und ehrliche Zuwendung studieren?**

Glaubt man tatsächlich, dass ein »Pfleger« mit Matura und akademischem »Titel« Fäkalien und sonstige »grausliche« Entsorgungen durchführt?

»Sterbebegleiter« sind Menschen, die höchste Hochachtung verdienen.
Niemals kann man durch Studien eine derart starke Persönlichkeit werden!

Ein »Pflegestudium« und Lehre sind absoluter Schwachsinn!

Es braucht dringend Menschen, die womöglich selbst »bescheiden« aufgewachsen sind. »Betreuer«, »Pfleger« aus Großfamilien sind logischerweise oft am besten geeignet.

Für »medizinische« Behandlungen sind aber medizinische Berufe mit dementsprechender Ausbildung zuständig.

Es ist eine unverschämte Anmaßung, wenn zum Beispiel »Techniker«, die noch dazu oft als verwöhnte »Früchtchen« aufgewachsen sind, für »menschenbezogene« Berufe Matura und akademische Abschlüsse verlangen!

Ausbildungen

Seniorenbetreuer	14 Tage
Seniorenpfleger	1 Jahr
Dipl.-Seniorenpfleger	2 Jahre
Krankenpfleger	1 Jahr
Dipl.-Krankenpfleger	2 Jahre
Oberkrankenpfleger	5 Jahre Praxis
Stationsbegleiter	10 Jahre Praxis

Alle »Bediensteten« können berufsbegleitend den »nächsthöheren Dienst« erreichen. **Bezeichnungen wie zum Beispiel »Hilfspfleger« sind diskriminierend. Jeder, der ein Jahr Praxis vorweisen kann, ist eine »Fachkraft«.**

Nochmals wird betont, es gilt Gleichberechtigung, ob jung oder alt, ob weiblich oder männlich, ob weiß oder schwarz, jeder hat die gleiche Chance.

»Heißt Assistent, für andere den Trottel spielen?«

Carl v. Laubersee

»Zeit und Nähe. Das Wissen, dass ich das einem Menschen schenken kann, ist ein schönes Gefühl.« (Robert Mellitzer)

Es herrscht ein regelrechter »Assistenz-Wahnsinn«!

Alle möglichen »Experten« verleiten Menschen zu Assistenz-Ausbildungen.
Pflegeassistenz
Pflegefachassistenz
Assistenz mit Matura und akademischem Grad. Beides ändert wenig.

Patienten werden gepflegt und nicht assistiert, Senioren werden betreut und nicht »behandelt« und/oder assistiert.

Alter ist keine Krankheit, aber oft eine Bürde. Alte Menschen haben oft verschiedene »Beschwerden«, die aber nicht unbedingt als »Krankheit« eingestuft werden. Schmerzen gehören selbstverständlich »fachmännisch« gestillt!

Wie pflegt ein »Gesundheitspfleger«? Die Gesundheit hat man gefälligst selbst zu pflegen!

Die Bezeichnung Altenpflege ist diskriminierend, »Seniorenpflege«, wenn der Senior krank ist, und Seniorenbetreuung, wenn der Senior »betagt« ist und nicht mehr alle Tätigkeiten alleine schaffen kann (Einkaufen, Hygiene, Kochen, Erste Hilfe usw.). **An erster Stelle: »Reden, Reden!«**

»Wer einen Elternteil oder Partner pflegen will, der soll das aus meiner Sicht auch weiterhin tun. Aber bitte **freiwillig und nicht aufgrund gesellschaftspolitischen Drucks.**« (Sonja Schiff)

Kinder müssen nicht zur Pflegekraft mutieren und das eigene Leben aufgeben, damit der Staat Kosten spart! Wer glaubt, Angehörigen-Pflege sei die beste Lösung, hat den »Kopf im Sand« und fährt die Zukunft der »Altenpflege« an die Wand.

»Wir haben jetzt die Chance auf einen **großen Wurf, und der ist notwendig.**« (Rudolf Anschober)

Hoffentlich fruchten die ehrlichen Bemühungen von Gesundheitsminister Rudolf Anschober, sonst kann der »brennende Hut« nicht mehr gelöscht werden!

Um zumindest eine »sofortige« **Grundversorgung zu gewährleisten, sind** »Seniorenbetreuer« **unentbehrlich.**
Pensionisten (steuerfreier Zuverdienst), Arbeitslose, Zivildiener, Studenten absolvieren den vierzehntägigen Kurs zum »Seniorenbetreuer«.
Seniorenbetreuer »behandeln« **keine Patienten, sondern helfen im Alltag.**
»Auffälligkeiten«, wie zum Beispiel Schmerzen, Schwindel, hoher Blutdruck usw., werden beim Hausarzt oder der zuständigen Zentrale gemeldet. Dann werden dementsprechend medizinische Berufe aktiv.

Seniorenbetreuer können bei Vereinen, Volkshochschulen und öffentlich die Ausbildung und Prüfung absolvieren. Sie bekommen ein dementsprechendes Abzeichen. Beispiel: Wasserrettung – Rettungsschein, Erste-Hilfe-Kurs.

Es herrscht ein Betreuer-, Pflege- und »medizinischer« **Notstand!**

»Sollen etwa Jihad-Rückkehrer unsere Eltern, Großeltern und Verwandte betreuen und/oder pflegen?«

Noch einmal, es fehlen ca. 75 000 Pfleger usw.

»Was das Gesundheitssystem krank macht, sind Systemfehler. Streng genommen müssen wir von einem Gesundheitswiederherstellungssystem sprechen.« (Günther Loewit)

»Die Langzeitpflege hat sich europaweit zu einem **eigenständigen Bereich** zwischen Gesundheits- und Sozialwesen entwickelt. Jedoch besteht hier das Problem der **Qualitätssicherung**, die noch großen Aufholbedarf hat.« (Buch „Im kranken Haus", Verlag Ueberreuter)

Qualitätssicherung durch drei bis fünf Jahre, und/oder längere Ausbildung? Es gibt keine Schule, wo »Pfleger« Durchhaltung, Belastbarkeit, »Ekelresistenz« lernen und studieren können!

Angehörige der Pflege- und/oder medizinischen Berufe erreichen selten im gesunden »Zustand« die wohlverdiente Pension (mit 60, 65, 70 Jahren).

Es gibt Menschen, die extrem stark belastbar sind. »Betreuung« von Behinderten und besonders »Palliativpfleger«.

Diese »Besonderheit« zeigt klar und deutlich, Belastbarkeit kann man nicht durch Studium oder Schule erlernen. Leider sind diese Menschen in der Minderheit. Internet und »Handy« ruinieren die Menschheit.

Generell wird besonders die »mobile Pflege« in Zukunft eine sehr große Rolle spielen.

Eine der wichtigsten Säulen und Wertschätzung ist das »Trinkgeld«.
Trinkgeld ist aber nur dann korrekt, wenn es nach der Leistung erworben wird!

In Zukunft werden die »Hauskrankenpflege«, die »Seniorenbetreuung« und die »Palliativpflege« die anspruchsvollen und gefragtesten Berufe sein.

Statt ununterbrochen Studium, Ausbildungen, Kurse, die oft überfordern und sehr teuer sind, »Modulausbildung«.
Es muss generell möglich sein, Zeugnisse und Diplome (wie bisher teilweise möglich) »modulmäßig« zu erwerben. Das heißt zum Beispiel: Zwei Zeugnisse berechtigen zum Diplom, mehrere Diplome berechtigen zu einer leitenden Funktion (»Direktor«).

Besonders bei nichtakademischen Berufen ein großer Vorteil. Ein »Seniorenbetreuer« wird zum »Hauskrankenpfleger«, ein Hauskrankenpfleger wird zum Diplom-Krankenpfleger. Ein praktischer Arzt wird zum Facharzt.

»Mutter«: Mutter muss als Beruf anerkannt werden. Wenn eine Mutter Kinder »großzieht«, dann hat sie als »Erzieherin« gearbeitet. Diese Tätigkeit ist der Pension voll anzurechnen. Mütter müssen nicht »nebenbei« arbeiten gehen, um die Familie zu erhalten.

Ausbildungen kosten zu viel und dauern viel zu lange. **Drei Jahre Studium, um das Diplom »Physiotherapeut« zu erlangen.** Zwei Jahre sind ausreichend, wenn zwei Jahre Praxis (»Lehre«) vorgeschrieben werden.
»Alleskönner« sind kontraproduktiv. Ein Jahr »Schule« für »Heilmasseur« und zwei Jahre Praxis sind optimal. Ein Heilmasseur **muss** spezialisiert auf »Therapeutische Massage« ausgebildet werden.

Bundesheer

Das Bundesheer wurde und wird nach wie vor schwer vernachlässigt.
Es besteht oft die Meinung, ein neutraler Staat braucht kein Militär.

Das Bundesheer ist eine der wichtigsten »Einrichtungen« eines Staates. Niemand führt freiwillig Kriege (außer Geisteskranken). Leider gab und gibt es immer wieder Aggressionen, meist wegen »Religionswahnvorstellungen«. Terrorismus und wiederkehrender **Antisemitismus** gefährden den sozialen Frieden. Der Staat muss seine Bürger beschützen, das Militär dient in erster Linie zur Verteidigung. Angemessene Luftraumüberwachung, Abwehr von chemischen Gefahren, Strahlenschutz (ABC), Abwehr von »modernen« elektronischen Angriffen. **Besonders Umwelt, Wasser und Nahrung müssen nachhaltig geschützt werden.**
Das Bundesheer ist unverzichtbar. Niemand kann sich vorstellen, dass bei **Katastrophen** die Soldaten nicht mehr im Einsatz sind.

Die Idee, das Bundesheer durch ein »Technisches Hilfswerk« zu ersetzen, ist unverantwortlich.

Das Bundesheer und andere staatliche »Betriebe« können und »müssen« Arbeitslose (besonders Jugendliche) »einberufen«. Da sie keine »militärische« Tätigkeiten ausführen (Küche, Büro, Kfz usw.), bekommen sie nach einem Jahr oder länger ein Zeugnis. Sie dürfen und können dann als dringend benötigte (z. B. Gastgewerbe) »**Assistenten**« einer Beschäftigung nachgehen.

Rekruten, die nur bedingt aus gesundheitlichen und/oder körperlichen Gründen tauglich sind, werden »ohne Waffe« eingezogen. **Sie sind »B-tauglich«.** Sie werden zum Beispiel in Küche, Bekleidung, Werkstätten, Kfz, Sanität usw. wichtige Aufgaben erfüllen.

Beim Bundesheer lernt man, sich ordentlich zu benehmen. Sehr wichtig ist, die Soldaten müssen in der Kaserne schlafen. Hygiene, Kleidung, Ernährung, Sport und ganz **besonders Kameradschaft müssen gepflegt werden**.

Nur mit angemessener Disziplin können sich die Rekruten später im Leben und besonders im Beruf behaupten.

In Österreich muss die Präsenzpflicht auf acht Monate erhöht werden.
Die Soldaten »wohnen« und schlafen sechs Monate in der Kaserne. Montag bis Freitag ist Dienst, Samstag, Sonn- und Feiertage sind frei. Sechs Monate ist Uniformpflicht. Für Sport wie Bergsteigen, Skifahren usw. muss ebenso die Militärkleidung getragen werden.

Zapfenstreich ist um 23 Uhr.

Auch Frauen (Mädchen) müssen Präsenzdienst leisten und die Chance für eine militärische Karriere bekommen. Auch der Zivildienst sollte je nach Ausführung (Pflegeheim, Rotes Kreuz usw.) **nach einem Jahr beruflich angerechnet bzw. anerkannt werden (Zeugnis).**

Weibliche und männliche Soldaten, die als »B-Taugliche« und/oder Arbeitslose ein Jahr lang oder länger Dienst absolviert haben, bekommen ein »Dienstzeugnis«. **Wer ein Jahr lang einschlägige Arbeit verrichtet hat, ist keine Hilfskraft, sondern als »Assistent« einzustufen.**

Besonders Alleinerzieher können auch »halbtags« in öffentlichen Einrichtungen und/oder »Zivildienst« ihren Lebensunterhalt erarbeiten.

Der Staat hat hier die Möglichkeit, auch Arbeitslose zu be-
schäftigen.

Da in Österreich in Zukunft »**Arbeitspflicht**« besteht, wer-
den Arbeitslose je nach Eignung und Wunsch (unter drei
Dienstleistungen kann gewählt werden) ihr »Dasein« sinn-
und pflichtgemäß erfüllen. Auch in anderen öffentlichen
Betrieben finden »Arbeitslose«, **zumindest bis eine andere
Beschäftigung gefunden wurde, pflichtbewusste Arbeit**.

»Sklavenhafter« Umgang ist strikt zu vermeiden und straf-
rechtlich zu verfolgen.

**Berufssoldaten in Uniform müssen immer bewaffnet
(zumindest mit einer Pistole) sein. Niemand kann die
Peinlichkeit verantworten, wenn zum Beispiel bei einem
Terroranschlag der uniformierte Soldat zuschauen muss
und/oder nicht eingreifen kann!**

Nachwort

Man möchte meinen, dass jeder »Strohhalm« genommen wird. Es wäre nämlich interessant (auch besonders für die Zukunft), wie es mit dem Mineral- und Vitaminhaushalt bestellt ist.

Es gibt eine seriöse Studie, die besagt, dass 70 % der Grippetoten einen starken Selenmangel aufweisen. Interessant wäre auch, ob überhaupt Mängel vorhanden sind. Auffallend ist nämlich, dass Bewohner bestimmter Staaten sich einseitig ernähren. Leider können sich zu viele Menschen, wegen Armut oder Diktatur, nicht gesund ernähren.

Fest steht, Mineral- und Vitaminmangel schwächen das Immunsystem enorm.

Feinstaub, Brände, Kriege und Atom werden kaum in Zusammenhang gebracht.

MIKROPLASTIK UND CORONA?! …

Wir gehen einer total unsicheren Zukunft entgegen. Egoismus und Gier haben keinen Platz mehr. Die Zukunft wird aber auch »spannend«, intelligente und fleißige Köpfe sind gefragt.

Da die Umwelt sich nicht »bessert«, Viren, Gifte, atomare Strahlung und so weiter unsere Gesundheit massiv schädigen, werden dementsprechende Maßnahmen notwendig.

»Geld braucht man zum Leben und nicht zum Essen.«

Literatur

50 Weisheiten – 2. Auflage
ISBN 978-3-85251-367-6

Anleitung zur Behandlung von Bewegungsstörungen durch Schwimmen

Selbstbehandlung bei Muskelfunktionsstörungen und Wirbelsäulenerkrankungen
ISBN 3-7022-1685-5

Lehrbuch für medizinische Massage
ISBN 3-7022-1727-4

100 Tipps für ein besseres Leben
ISBN 3-9500916-0-2

Der Killermasseur
ISBN 978-3-8448-2927-3

Selbstheilung von Rückenschmerzen durch Schwimmen
ISBN 3-9500916-2-9

VGH Volksgesundheit »… non est propheta sine honore nisi in patria sua et in domo sua …«
ISBN 3-9500916-3-7

Extremschwimmen
ISBN 978-3-85251-529-8

Medizinische Massage
ISBN 3-9500916-4-5

Massage-Philosophie
ISBN 978-3-8448-3121-4

Exklusive Weisheiten
ISBN 978-3-8483-3813-2

Medizinische Massage
Wissenschaftliche Fachdisziplin

Nackenschmerzen
Wahrheit – Lüge
ISBN 978-3-7357-3595-9

Elli und Carli
ISBN 978-3-7412-0324-4

Lina muss dringend nach Hause
ISBN 978-3-7481-6924-6

Rauchen
ISBN 978-3-7494-3413-8

www.pka-lauber.at